BOTTES

BRANCHES

CAROTTE

CHAT

FENÊTRE

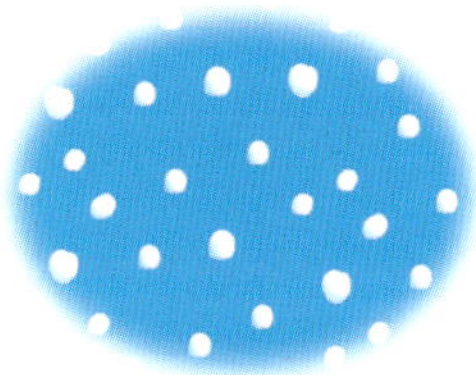
FLOCONS

GANT

LUGE

PARAPLUIE

PETIT OURS BRUN

PETITE OURSE MIEL

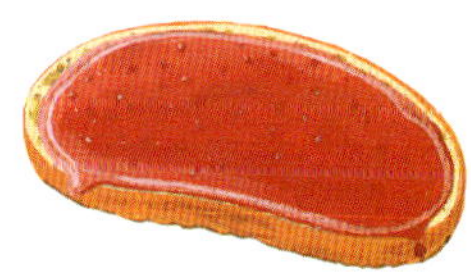
TARTINES

Voici les personnages de ton histoire

PAPA OURS

MAMAN OURS

PETIT OURS BRUN

PETITE OURSE MIEL

Illustrations originales : Danièle Bour
Réalisation : Danièle Bour et Martin Bour
Textes : Nathalie Savey
Maquette : Pascale Bigand-Gault
Imprimé en Chine. Dépôt légal : janvier 2018
Lois 49-956 du 16 juillet 1949 sur les publications destinées à la jeunesse.

Nathalie Savey • Danièle Bour • Martin Bour

Lis avec moi

La neige

bayard jeunesse

Quand Petit Ours Brun s'est réveillé

ce matin, tout était blanc dehors.

Il a neigé pendant qu'il dormait

et il neige encore !

Petit Ours Brun met sa 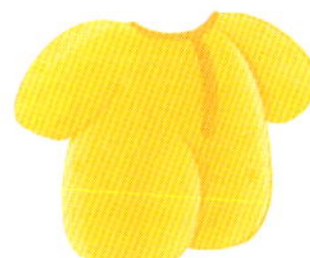 ,

COMBINAISON

ses  et ses  ,et vite, il sort.

CHAUSSETTES BOTTES

Il dit : – Viens, Papa, on va bien s'amuser !

Petit Ours Brun regarde

les gros 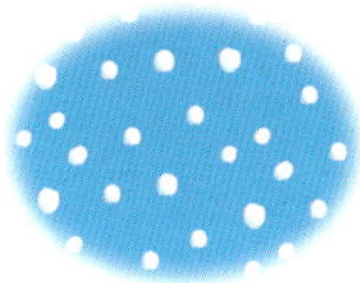 tomber.

FLOCONS

Les flocons se posent sur son .

GANT

Petit Ours Brun les trouve

très beaux et légers.

Il essaie de les attraper, mais les flocons

fondent. Petit Ours Brun est énervé.

Papa Ours dit : – Et si on faisait

un bonhomme de neige à côté

de la 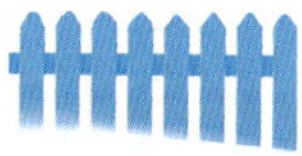 ? Petit Ours Brun trouve

BARRIÈRE

que c'est une très bonne idée.

Il fait une grosse boule de neige.

 aussi.

PAPA OURS

Petit Ours Brun s'applique bien.

Le bonhomme de neige est grand maintenant. Mais Petit Ours Brun le trouve un peu blanc.

MAMAN OURS

arrive. Elle dit : – J'ai apporté un bonnet, une écharpe et une

CAROTTE

pour le décorer.

Petit Ours Brun est tout content.

Petit Ours Brun aimerait décorer

le bonhomme, mais il n'y arrive pas,

il est trop petit ! Maman Ours

le prend dans ses bras pour l'aider.

Petit Ours Brun met le nez en carotte,

l'  ÉCHARPE et le  BONNET . Il est très fier !

Petit Ours Brun met des 

à son bonhomme de neige et il ajoute

un grand 

.

Il dit : – Voilà, c'est fini !

Soudain, quelqu'un crie derrière lui :

– Qu'il est joli !

C'est  qui arrive.

PETITE OURSE MIEL

Elle dit : - Regarde, j'ai apporté ma luge !

Petit Ours Brun est content de la voir,

il sait qu'ils vont bien s'amuser.

Le  les observe par la fenêtre,

CHAT

il préfère rester bien au chaud !

Papa Ours dit : - Montez, les oursons.

Le petit train va démarrer !

Petite Ourse Miel et Petit Ours Brun

s'installent sur la  .

LUGE

Papa Ours tire la luge en criant :

- Tchou, tchou ! C'est parti !

Les oursons sont bien accrochés.

Papa Ours a lâché la luge.

Elle glisse toute seule sur la petite pente

devant la  .

MAISON

Petit Ours Brun crie :

- Attention  , nous voilà !

BONHOMME DE NEIGE

Petite Ourse Miel rit en agitant les bras.

Maintenant, Petit Ours Brun

et Petite Ourse Miel font une bataille

de boules de neige. Et vlan, et vlan !

C'est amusant ! Un  les observe,

OISEAU

il aimerait jouer avec eux.

Mais Maman appelle : - Qui veut goûter ?

Alors ils rentrent en courant.

Pour le goûter, Maman Ours a préparé

deux  de chocolat chaud,

BOLS

et des  à la  .

TARTINES CONFITURE

Petite Ourse Miel dit : - C'est bon !

Petit Ours Brun ne dit rien,

car il est trop occupé à manger.

PETIT OURS BRUN

aperçoit le bonhomme de neige

par la  .

FENÊTRE

Il dit : - J'espère qu'il ne va pas

s'ennuyer sans nous.

Petite Ourse Miel dit :

- Coucou, bonhomme de neige, on est là !

Voici tous les mots de ton livre

BARRIÈRE

BOLS

BONHOMME
DE NEIGE

BONNET

CHAUSSETTES

COMBINAISON

CONFITURE

ÉCHARPE

MAISON

MAMAN OURS

OISEAU

PAPA OURS